_____ 님께

행복한 하루 보내세요
이상희 드림

시를 짓는 농부

이상희 시집

우리동네사람들 문학선 · 012

시를 짓는 농부

2021년 10월 20일 인쇄
2021년 10월 30일 발행

지은이   이상희
펴낸이   한민규
펴낸곳   우리동네사람들
등록번호   제 2000-000002 호
주소   경기도 오산시 성호대로 89번길, 206호
전화   1577-5433
메일   woori1577@hanmail.net
홈페이지   www.woori1577.com

작가와 우리동네사람들의 서면동의 없는 무단 전제와 복제를 금합니다.

ISBN 979-11-971661-4-3

우리동네사람들 문학선·012
시를 짓는 농부
이상희 시집

서문

간절함과 두려움 사이의 미학

시인 **성백원**

"아닌 건 아닌 겨!"
"그건 아니라고 봐"

얼마 전에 끝난 주말 드라마 오케이 광자매에서 나오는 아버지의 멘트다.
그의 표정과 억양을 들으면 생각나는 사람이 있으니 바로 이상희 시인이다.
대쪽 같은 성정이 비슷할 뿐만 아니라 잘못한 것도 없이 찾아오는 고난의 길을 피하지 않고 굳세게 맞서 이겨내려는 노력이 닮았다.

올곧은 삶을 지향하는 시인의 눈에는 현실의 세태가 흡족하지 않다.
서로가 바라보는 사물에 대한 인식이 다르다는 것을 깨닫기까지 시인은 밤의 가시에 찔려 불면하는 신음의 시간을 보낸다.
그렇기에 상처받은 영혼의 삭신은 고달프고 충격받은

일상의 다반사는 서글프다.

상처를 주는 것도 가까운 이요, 그 치료제 역시 가까운 사람이다.

이상희 시인은 농사를 짓고 자식을 키우며 삶을 배우고 상처받은 영혼에 위로를 받는다.

자식을 키우는 엄마라서 그런 걸까, 그녀는 자신을 둘러싼 네모난 현실에 두려움을 느끼지만 물러서지 않는다. 오히려 간절함으로 맞서 거침없이 도전하고 그 과정의 쓸쓸함을 창조적 추진력을 발휘하여 시로 토해낸다. 그 힘으로 오늘을 지키고 내일을 열어가고 있다.

생각은 허공을 맴돌아 하늘에 닿고 허탈한 발걸음은 터덜터덜 땅에 머문다.

산다는 건 그런 거라고 내 뜻대로 살 수만은 없는 거라고 중얼거리며 걸어가는 모습은 다름 아닌 우리의 모습이다.

우리는 한 작가가 전해주는 뛰어난 상상력과 진솔한 삶의 고백에서 위로를 받아 자신의 고달픈 삶을 추스르기도 한다.

걸어 다니는 한 권의 책이 인생이라고 본다면 이상희 시인만큼 절절한 페이지가 많은 사람도 그리 흔하지는 않을 것이다. 그럼에도 불구하고 자신에게 주어진 지난한

역경을 극복하고 시집, 『시를 짓는 농부』에 농사를 짓고 자식을 키우며 배운 인생철학을 마디마디 담아 놓았다.

  이상희 시인의 두 번째 시집, 『시를 짓는 농부』 출간은 독자들이 침묵으로 동여맨 상처를 풀어헤쳐 더 나은 자신을 발견하는 기회가 될 것으로 믿는다.

  시의 분석이나 해설이라는 어설픈 손짓으로 잘못된 길을 안내하기보다는 온전히 독자의 몫으로 남겨 놓는 것이 이상희 시인의 건강한 목소리를 제대로 듣는 것이 아닐까 생각한다. 한 편 한 줄의 감동을 읽고 또 읽으면서 독자 스스로 찾아내기를 바란다.

  얼마나 힘들었을까? 살아온 날들이 ~~
  스스로 위로하며 버텨낸 대나무의 눈물
  간절하지만 두려운 날들의 길목마다 시인은 작은 샘을 파 놓았다.

  그렇게 어렵사리 지나온 길이 조금씩 환한 빛으로 채워지는 것 같다.

  진실은 미화해서 빛나는 것이 아니라 있는 그대로의 모습을 솔직하게 드러낼 때 가장 힘이 센 법이다. 그리하여 슬픔의 빛이 때로는 더 영롱하다.

  바라건대,
잃어버린 꿈을 찾는 길에 더 흐뭇한 날들이 더해져 시인의 하루하루가 독자들과 함께 희망을 키우며 즐기는 시간으로 채워졌으면 좋겠다.
너무 아프게 살아 낸 페이지는 접어두고 신나고 웃음이 파도치는 이야기들로 독자들에게 다가갔으면 좋겠다.

 시를 짓듯 농사를 짓고, 농사를 짓듯 시를 지으며 시인이 걸어가는 길목마다 꽃피고 열매 맺어 따라 걷는 모두에게 감동으로 채색된 나날을 선물하기를 기대한다.
 시를 통해 더 아름다운 인생을 찾고 정신적으로 건강해져서 소소한 일상의 행복이 가득하기를 빈다.
 성장하는 가족의 힘을 모아 꾸밈없이 펼쳐내고 온 힘을 다해 내면의 희로애락을 가감 없이 담아낸 두 번째 시집, 『시를 짓는 농부』 출간에 열렬한 박수를 보낸다.

시인의 말

  가을입니다.
  유난히 고단했던 2021년이지만 곡식은 그런 세월을 아는지 모르는지 알알이 여물어가고 있습니다. 가을장마로 몸살을 앓고도 다시 기운을 낸 들녘을 바라보면 기특하기 그지없네요.
  제 삶이 가을 문턱에 다다랐습니다.
  잠시 일손을 내려놓고 서녘 노을을 바라보며 '내 삶도 저리 아름다운가' 반문해 봅니다.
  젊은 날에는 '이것이 최선이다'라며 살아왔는데 지금 뒤돌아보니 허점투성이예요. 어찌 감히 노을빛을 닮을 수 있겠느냐고 자문자답을 하며 수줍게 미소 짓습니다.
  갱년기라서 그런가 봐요. 제가 요즘 호되게 갱년기 몸살을 앓고 있거든요.
  하루는 창문 앞에 널린 햇살을 밟으며 아이처럼 좋아했다가, 하루는 잔뜩 구겨진 하늘을 바라보며 세상 무너질 것처럼 슬퍼합니다.
  그런 제 변덕을 곧이곧대로 받아주는 게 주말농장입니다.
  주말농장에 나가면 채소와 잡초가 어우러져 자랍니다.
  잡초를 뽑고 뒤돌아서면 약을 올리듯이 그새 삐죽삐죽 올라와 있죠. 그래서 질기고 질기다고 투정을 부리다가

풀썩 주저앉아 가만히 잡초를 들여다본 적이 있어요.

 이름은 모르겠는데 노란 별처럼 생긴 작은 꽃이 흐드러지게 피어있더군요. 어느 시인의 말처럼 가만히 들여다봤더니 그리 예쁠 수가 없어요. 뽑을까 말까, 한참 망설이다가 채소밭은 채소 것이니 네가 양보하라며 쭈뼛쭈뼛 뽑아냈답니다.

 그 후론 채소밭이 아니라면 일부러 놓아둘 때가 있어요. 봄에 피는 봄까치꽃은 무리 지어 꽃밭을 이뤄 삭막한 겨울 잔해를 걷어내지요.

 채소가 자라는 것도 제 삶의 위로랍니다.

 상추를 뜯어 풋고추 하나 뚝 잘라서 쌈장을 찍어 입안 가득 밀어 넣으면 진수성찬이 부럽지 않죠.

 가꿀 때는 힘들지만 농부의 발걸음을 들으며 무럭무럭 자라나는 채소를 보면 절로 흐뭇하답니다.

 올봄에는 참외 하나가 저절로 대파밭 사이에 났어요. 공짜라고 좋아하며 기둥을 세워주고 순을 집어줬더니 때깔 고운 참외를 일곱 개나 맺더군요.

 작년에 버린 끝물 참외가 이렇게 겨울을 날 줄 몰랐어요. 공짜 같은 공짜 아닌 참외를 먹으며 행복했던 기억이 나네요. 어설픈 인생을 살아오면서 농사를 지으며 많은 것을 배웁니다.

 농사는 거짓말을 할 줄 몰라요. 농부가 조금이라도 게으름을 피우면 금세 무성한 잡초로 농부의 게으름을 질

책하죠.

  최선을 다해 노력한다고 하지만 때로는 그 노력이 무참히 뭉개질 때가 있어요. 그건 노력이 모자랐거나 내 힘으로는 어쩔 수 없는 거더군요.

  자식 농사도 마찬가지인 것 같습니다.

  그렇게 농사를 짓고 자식을 키우며 쓴 시 85편을 『시를 짓는 농부』에 담았습니다.

  저의 시가 민들레 홀씨처럼 누군가에게 날아가 행복의 씨앗이 되고 위로가 됐으면 좋겠습니다.

  졸작의 서문을 흔쾌히 허락해 주신 성백원 시인과 시집의 멋을 더해준 서예가 여란 김은비 선생님께 감사의 말씀을 올립니다.

2021년 10월 어느 날
이 상 희

차례

- 서문 · 5
- 시인의 말 · 9

봄

개별꽃 · 21 / 갱년기 몸살 · 22 / 기다림 · 24 / 노루귀 · 25 / 민들레 · 26 / 복수초 · 27 / 봄 · 28 / 봄(2) · 29 / 봄마실 · 30 / 봄비 · 31 / 사월 · 32 / 사월 어느 날 오후 · 33 / 어느 봄날 오후 · 34 / 속삭임 · 36 / 어느 봄날 · 37 / 이팝나무꽃 피던 날 · 38 / 입춘 · 39 / 입춘(2) · 40 / 친구에게 문자를 한다 · 41 / 주말농장 봄맞이 대청소 · 42

여름

고구마 줄기를 다듬으며 · 47 / 농부의 화풀이 · 48 / 내가 나에게 · 50 / 너라서 · 52 / 농부의 피명 · 54 / 동상이몽 · 56 / 낮달맞이꽃 · 57 / 문득 나선 길 · 58 / 산을 품다 · 60 / 상처 · 62 / 상처 ⑵ · 63 / 시를 짓는 농부 · 64 / 여름 한낮에 · 66 / 여우비 내리는 날 · 68 / 오십을 맞으며 · 70 / 아침 창가에서 · 72 / 작은 여유, 큰 행복 · 73 / 장미 그늘에서 · 74 / 저녁나절에 · 75 / 하늘 · 76 / 호미질 · 78 / 황금산 코끼리 · 80 / 풀꽃 · 81

가을

가시꽃·85 / 건망증·86 / 기억 지우기·88 / 나답게·89 / 당신을 위해 적금을 들었습니다·90 / 독서·92 / 나잇값·94 / 못다 핀 꽃·95 / 반갑다, 가을·96 / 새장 속의 새·97 / 엄마 붕어빵·98 / 오솔길에서·99 / 옷장 정리·100 / 인생·102 / 잘가라, 가을·104 / 주부 마음·106 / 흰 머리카락을 뽑으며·108 / 착각·109 / 농부의 아침·110

겨울

겨울, 들녘에서·115 / 12월, 너를 보내며·116 / 깨복쟁이 친구·118 / 눈 오는 날·120 / 당신의 빈자리·122 / 동짓날·124 / 동행·125 / 동행(2)·126 / 벗에게·127 / 두 번째 사춘기·128 / 시인의 노래·130 / 아침을 기다리며·131 / 기억 때문에 아픈 밤·132 / 외로움이 병이 되었다·133 / 오늘 일기·134 / 일요일 한낮에·136 / 일기·137 / 잠·138 / 행복의 잣대·139 / 책장을 넘기다가·140 / 하염없이 슬픈 날·142 / 한 뼘 더·144 / 호두·146 / 혼밥·147

개별꽃

가을 지난 들녘에 버려진
비루한 씨앗 하나가
바람에 실려 온 흙 한 줌을
이불처럼 끌어당긴다

철새를 따라 걷던
바람 소리마저 뜸한 들녘에
허수아비 헤진 옷 자락이
바람에 나부낀다

꽁꽁 얼어버린 땅
오돌오돌 떨던 씨앗이
보잘것없는 몸뚱어리가
한 줌 햇살을 받으려 안간힘을 쓴다

개나리 나팔 소리 사방을 울리면
비루한 씨앗 하나
차가운 흙덩이를 쪼개고 나와 별이 된다
은하수 물결 황량한 들판을 가로질러
봄을 만난다

갱년기 몸살

잡동사니로 가득 찬 마음
버겁게 안고 대숲 오솔길을 걸어갑니다

버리지 못 한 분노와 물꼬 튼 눈물은
잃어버린 시간을 틈 없이 채우고
어리석은 원망은 설움을 부추깁니다

반백 년을 걸어온 두 다리
절뚝이며 쉴 곳을 찾는데
한 데서 부대낀 영혼
할퀸 상처를 싸매고 어정어정
그대 곁을 맴돌다 돌아섭니다

대숲을 거닐던 바람 소리
살며시 다가와 속삭입니다
마디마디 비워서 단단해진 대나무처럼
잠시 멈추어
버리고 또 버려 비우라 합니다
원망도 슬픔도 사랑까지도
모두 버리라 합니다

나도 모르게 빨개진 얼굴로
대숲 오솔길을 걸어갑니다
하나씩 하나씩
아닌 척 흘리며 걸어갑니다

기다림

오늘같이
말간 햇살이 고와서
마음 들썩이게 하는 날
기별 없이 그대 오신다면
참 좋겠어요

선물처럼 마주한 당신 손잡고 나가
봄빛 가득한 오솔길을 걸으며
아무것도 아닌 것에
아무것도 아닌 것을 담아
특별한 하루를 만들고 싶거든요

까치가 우짖어요
그대 기별 물고 왔을까
햇살 가득한 창문을 열었더니
물오른 여계산이 웃으며 반기네요
남의 속도 모르고

노루귀

봄이 오는 소리에
일찍 잠이 깬 노루귀

매서운 찬바람을
탓하지 않고
해사한 얼굴로
마중 나왔다

너를 만나기 위해
고개를 숙인다
너의 미소를 보려고
무릎을 굽힌다

네 작은 웃음소리에 반해
무릎이 시리도록
시간을 잊는다

민들레

돌담에 갇혀
옴싹달싹 못하는
청춘의 꿈

간절함은 백발 되어
겹겹이 홀씨를 거두고
천만 송이 꽃을 담아
세상을 향해 날아오른다

고된 여정 마다치 않고
청춘의 꿈 실어나르는
백발의 열정
청춘을 깨우는
백발의 나래짓이 싱그럽다

복수초

바스락 얼음 위를 휘도는 바람 소리에
파르르 온몸이 떨려도
묵직한 기다림으로 오늘을 견딘다

시샘하는 눈보라에 모질게 할퀴어도
눈발을 헤치고
꽃봉오리 고개를 드는 얼음새꽃

다 지나갈 거라고
지나가면 추억이 되고
추억이 되면 슬픔조차 그리움이 될 거라고

추위를 견뎌낸 꽃잎이
지쳐 언 땅을 녹인다
이제 봄이다

봄

아지랑이 속에서 기지개를 켠다

꽁꽁 얼었던 땅을 두드려 새싹을 깨우고
돌아온 제비에게 처마 밑을 내어준다

피하려고 하면 핑계를 찾게 되고
헤쳐나가려고 하면 실마리를 찾게 되듯
봄은 고되고 험한 겨울을 지나며
살아남을 실마리를 찾아 견뎠다

볕이 좋아 배가 부르다
따가운 꽃샘추위의 시샘을
여유롭게 내치고
꾸벅꾸벅
나른한 오후를 즐긴다

봄(2)

햇살이 익어갑니다
먼지를 털어낸 장독대에서
햇살이 맛있게 익어갑니다

들녘에 내려앉은 햇살이 아침 창에 스미면
장화를 신은 농부의 발길은
설렘으로 분주합니다
겨울을 난 달래 냉이가 아낙의 손길을
잡아끄네요
봄으로 가득 찬 밥상이 가족들을 불러 모으네요

봄이
들녘에서 아낙의 밥상에서 익어갑니다
맛있게 익어가고 있습니다

봄마실

봄비가 내린다
겨우내 옹크리고 있던 씨앗은
병아리마냥 봄비를 물고
오래된 벚나무 가로수 길은
꽃망울 툭툭 터트려 흥을 돋운다

나이테를 더한 소나무는
늠름해진 모습으로 한껏 푸르고
거름을 펴는 바지런한 농부는
노동요 한 자락에 구슬땀을 닦는다

봄
봄이 들로 산으로
너울너울 마실을 간다
봄비로 선잠을 깨고
따사로운 햇살로 목을 축이며
흥얼흥얼 마실을 간다

봄비

후두둑 후두둑
봄을 깨우는 소리가
들녘을 들썩이게 합니다

개구리 울음소리
매화꽃을 터트리고
달래 냉이 언 땅을 헤집고
여린 숨통을 틔우면
아지랑이 입김 불어
꽃신을 적시네요

후두둑 후두둑
봄을 깨우는 소리가
온종일 어린 마음을 들썩이게 합니다

사월

사월이 되면
꽃샘추위보다 독한 그리움이 찾아온다
벚꽃 화려하게 유혹을 해도
수선화 간드러지게 손짓을 해도
바래지 않는 그리움은 낡은 사진첩을 맴돈다
노래 한 소절 옹알이하듯 읊조리며
석양을 향해 손짓하는 그리움 하나
잡을 수 없어 더욱 애를 태운다
엄마로 살아온 스물 하고도 세 해
나도 때로는 엄마가 그립다

사월 어느 날 오후

아낙네 어깨 위로
꽃비가 나려
나물 뜯는 아낙네
고뿔 들겄네

바구니를 채운 꽃잎
옆구리에 끼고
그리움에 젖은 아낙네
고뿔 들겄네

꽃비에 흠뻑 젖어
꽃물 든 가슴
밤새도록 앓을 텐데
어쩌나

어느 봄날 오후

슬퍼서 우는 것이 아니라
눈물이 나서 슬픈 어느 봄날 오후

아직은 시린 땅을 헤집어 봄을 캐는데
바구니에서 요란하게 휴대폰이 울린다

잘 지냈니?
어! 어쩐 일여?

아침부터 까치가 울어대더니
네 소식이 오려고 그랬나 보다며
삼십 년 세월을 접고 수다를 쏟아낸다

어디서
어떻게 사냐고 묻지 않는다
이 나이가 되면
그건 그리 중요하지 않으니

건강하지?

부모님 소식은 고향 갔을 적에 들었다며
함께 아파해주는 친구
친구의 전화가 슬픔을 걷어 낸다
슬픔을 걷어낸 눈물이
또옥 똑
메마른 하루를 적신다

속삭임

툇마루에 앉아 눈을 감으면
햇살처럼 쏟아지는 그리움
따사롭게 낮잠을 부른다

어제는 늘 행복했고
오늘은 늘 지난하다

매화 향기 뜨락을 휘돌며 툭툭 터지고
목련 치맛바람 휘리릭 담장을 넘으면
잠든 머리맡에 슬쩍 놓아두고 간
달콤한 봄바람

지나간 날에 마음 두지 말고
여기 이 시간을 잡으라 한다
손안의 봄바람을 잡으라 한다

어느 봄날

쑥을 뜯는 아낙의 손길
쌉싸래하게 물드는
어느 봄날

밭두렁에 둥지를 튼 제비꽃
보랏빛 작은 부리로
봄소식을 물고 왔습니다

낯선 장소에서 만난
아는 사람처럼
책 속에서 찾은
낯익은 이름처럼
봄을 캐다가 만난 제비꽃

꽃반지 만들어주던 그 사람
차마 그 이름 내뱉지 못하고
제비꽃 둥지에 슬쩍
넣어두고 갑니다

이팝나무꽃 피던 날

눈을 감으면 달빛 결 따라 스며드는 그리움
오래고 질긴 외로움을 부추기는 그리움에
쉬이 잠들지 못하고 눈만 떴다 감았다

사랑했던 사람들
사랑해주던 사람들
곶감 빼먹듯 빼먹어도 줄지 않는
오래된 날의 기억
꿈속 어딘가에 머물러 있다가 슬며시 다가와
자장가를 부른다

간밤 부산했던 이야기는 아침햇살에 부서지고
하루는 별다를 것 없는 모습으로 새 옷을 입는
이팝나무꽃 피던 어느 날

입춘

잔설을 이고 봄이 왔습니다
뜨락의 봄까치꽃 떼지어 날아들고
냉이 뿌리로 움켜쥔 봄
한 움큼 덜어 밥상 위에 올려놓습니다

겨우내 움츠렸던 마음
봄빛에 녹아 기지개를 켜면
앙상한 희망에 새순이 돋겠지요

봄이 왔습니다
단단해진 고단함을 쟁기질하고
속울음으로 영근 씨앗을 뿌려야 할
봄이 왔습니다

입춘(2)

내 청춘의 봄은 멀었는데
입춘이라 한다

얼음 위에 핀 복수초는
향기를 심고
바람에 할퀸 매화는
꽃등을 켠다

이 길을 따라가면 봄을 만나려나

자욱한 안개 속에
봄은 머물러 있는데
꽃향기 먼저 나와 마중을 한다

친구에게 문자를 한다

잡초는 농부의 부지런함을 깨우고
풀무질은 쇠를 단련시키듯
시련은 나태한 나를 채찍질한다

누울 자리를 보고 다리를 뻗는다고
견딜 만큼씩 주던 시련
그 시련도 기력이 다했는지
이젠 띄엄띄엄 손님처럼 찾아온다

달콤한 오월이면
뜸해진 시련 대신
시도 때도 없이 찾아오는
그리움 때문에 몸살을 앓는다
오늘같이 햇살 좋은 날이면
더욱 안부가 궁금해져 안달이 난다

보고 싶어서
오래전 친구에게 문자를 한다
'라일락 향기 옅어지기 전에
우리, 차 한 잔 하세나'

주말농장 봄맞이 대청소

연장을 챙겨 농장으로 간다
봄빛이 마음을 간질이니 떼놓는 발걸음마다 가볍다

한 해를 보낸 묵은 흔적이
농장 여기저기 널브러져 있다
고구마를 캐고 땅속 깊이 묻어놓은 비닐
토마토가 부여잡고 오르던 그물
빗물을 담아놓았던 양동이
각자의 얼굴이 되어 따따부따 나불댄다

산책을 나온 강아지 부모는
꽉 쨈맨 똥봉투 안에 일그러진 양심을 넣어 버리고
누군가 던져놓은 깡통에 담배곽은
여기저기 바람에 나뒹굴다 울타리에 코를 박았다

엉덩이에 일방석 깔고 앉아
손쇠스랑 단단히 쥐고
호박고구마를 캐듯 파고파고 또 파고

조각난 비닐을 걷어내느라
이마에 송글송글 땀방울이 맺힐 즈음
흙 속에 단단히 꽂혀 있는 지지대가 시야를 어지럽힌다
비닐 끈을 잘라 쓰레기봉투에 욱여넣고
지나간 흔적을 지우듯 힘껏 지지대를 뽑는다

버리고 간 지지대가 하나둘 수레에 쌓이고
75리터짜리 분홍색 쓰레기봉투가 차곡차곡 채워질수록
농부의 마음은 개운해지고
농장의 봄빛은 말갛게 때를 벗는다

이제 농사를 시작해야겠다

여름

고구마 줄기를 다듬으며

한밤중에 깨어
손톱 밑이 까매지도록
고구마 줄기를 깐다

초저녁에 이불 밖으로 나선 잠
도망간 잠을 붙들려고
고구마 줄기를 깐다

고구마 껍질을 까듯이
상념을 벗어버리면
다시 잠이 오려나

상처를 싸매고
언제 그랬냐는 듯이
다시 찾아오려나

농부의 화풀이

동이 트자마자
잡초에 묻혀버린 들깨밭으로 나간다

쥐꼬리만큼 남아있던 바람이 스러지니
뜨거운 태양이 등에 화살을 쏘아댄다

잡초 멱살을 잡고 씨름을 한 지 세 시간 째
호밋자루에 땀이 흥건하다

내 말 무시하고 제멋대로 하더니 이게 뭐야
내 말이 그렇게 우스워?

속에 받쳤던 마음을 툴툴거리며 쏟아낸다

같이 일했는데 맨날 나보고 밥상 차리래
그러는 너는 손에 금테 둘렀냐?

모가지를 비틀 듯 잡초를 뽑아 내동댕이쳤더니
쥐어뜯긴 잡초가 아무렇게나 널브러진다

맨날 술만 마시더니 배가 개구락지여
언제까지 그렇게 퍼마실래!

단단해진 흙을 호미로 헤집어
빠끔히 고개 내민 잡초 뿌리를 끌어낸다

물 갖다줄까?
응? 응!

예초기로 풀을 깎던 남편이 시원한 물을
건넨다
언제 화풀이를 했냐는 듯
땀에 젖은 물병을 받아 벌컥벌컥 들이켜니
오그라진 갈증이 말끔하게 씻긴다
깨끗해진 들깨밭을 바라보니
막혔던 숨통이 시원하게 트인다

내가 나에게

정상을 밟아야만
산에 오르는 의미가 있다고 여겼습니다
오르는 동안 보는 거 듣는 거는
스쳐 지나가는 것일 뿐이라고
생각했지요

흔들림 없이 정상을 바라보며
뗀 걸음 멈추지 않고
안간힘을 쓴 이유입니다

마음뜰엔
바람결에 묻어오는 꽃향기도
청량하게 노래하는 새소리도
시원하게 흐르는 계곡도 없이
삭막했습니다

그런 내가 나에게 묻습니다
무엇을 위해 사느냐고
치열하게 걷고 있는 그 길이 행복하냐고

정상만 바라보던 욕심을 버리고
고개 숙여 발끝을 바라보니
걸음걸음
나무와 바람의 노래가 어우러져
풀꽃과 새소리를 따라 흥겹게
따라오네요

온산의 나무와 새가 내 뜰로 들어왔습니다
정상이 아니어도
그것으로 충분히 행복한 하루입니다

너라서

지나가는 사람이라면
못 본 척해도 괜찮아
잠깐 머물다 가는 사람이라면
손잡아주지 않아도 돼

너니까
사랑하는 너니까
다른 곳을 바라보는 네 눈빛이
나를 더욱 외롭게 해

갈증이 난다고
바닷물을 벌컥벌컥 마셔버린 미련이처럼
외롭다고
독약 같은 네 미소를 마음 곳곳 적셔버렸어

어쩌면 좋을까
온몸으로 퍼진 네 미소가
오늘도 나를
울고 웃게 하는데

네 미소를 구걸하러
오늘도 문자를 띄운다

농부의 피멍

오랜 가뭄에
농부의 마음은 푸석푸석
얕은 바람에도 흙먼지가 날린다

물 긷는 농부는 종일토록 분주한데
열무밭의 달팽이는
싱싱한 잎에 붙어 갈증을 덜어낸다
구멍 숭숭 뚫린 열무를 보며
잡을까 말까

열무밭을 지나 고추밭
얼마 전 심은 고추
바람에 넘어지지 말라고 대를 꽂아주다가
텅 빈 자리에서 망연자실
무너진 억장을 추스르며
납치된 고추를 찾아 두리번거린다

가뭄보다 무서운 것이 사람의 욕심이다
달팽이보다 무서운 것이 사람의 이기심이다

땀 흘린 농부의 열정에 구멍이 났다
고추 모종 대신 심어놓고 간 비뚤어진 욕심 때문에
농부 가슴에 피멍이 들었다

동상이몽

농부의 텃밭을 구경하며
사람들은
채소의 싱그러움에 감탄하고
농부는
무성한 잡초를 걱정한다
사람들은
농부의 풍요로움이 부럽고
농부는
사람들의 여유가 부럽다

낮달맞이꽃

밤에 피면 알아챌까
햇살로 발을 엮어
당신 앞에 드리우고

수줍어 수줍어서
낮에 피는 달맞이꽃

그대 향한 그리움
꽃잎에 겹겹이 담아
담장 아래 감춰두고

그대 발자국 꽃잎을 흔들면
수줍어 수줍어서
노랗게 물드는 낮달맞이꽃

문득 나선 길

오산천을 걷는다

작업복을 벗고 정장을 차려입은 남편처럼
한껏 모양을 낸 오산천
자전거 한 대가 이어폰을 끼고 달린다
물 위에 낙서하는 버드나무
차마 전하지 못한 그리움은 물결 따라 흩어지고
왜가리 한 마리 두리번 두리번
낮달을 미끼 삼아 낚시를 한다

징검다리 건너 갈대숲을 지나니
신발에 물드는 꽃 그림자
어머니 뜨락에서 근심을 덜어내던 원추리
층층이 염원을 세운 부처꽃
하늘하늘 반겨주는 금계국
꽃그늘 드리우고 지그시 바라보는 무궁화
발길 멈춰서서 꽃잎 결 따라 미소를 담는다

꽃길을 지나 접어든 오솔길
박하사탕처럼 상쾌한 햇살이

한 움큼 나뭇잎을 헤치고 쏟아진다
흰뺨검둥오리 매미 소리에 장단 맞춰 물살을 가른다
이제는 텃새가 돼버린 여유로운 몸짓
낯선 발자국 소리 힐끗 한 번 쳐다볼 뿐 놀란 기색이
없다

연못 벤치에 앉아
연꽃에 숨어 있을지 모를 심청이를 그려본다
어쩌면 그대가 있을지도
오늘 같은 날 함께 걸었으면 좋았을 그대
아쉬움에 그리움에
바람에 적신 꽃향기 엽서에 담아
소소한 이야기 꾹꾹 눌러 편지를 쓴다

자연을 품은 잘 닦여진 길
그 길 따라 그리움이 따라 걷는다

산을 품다

하나의 물방울이 바위를 뚫듯
하나의 발걸음이 길을 만들듯
나를 닮은 바위
내가 닮고 싶은 바위
돌다리를 놓아
겅중겅중 건너가면
구름으로 담장을 두른 산
산이 나를 반긴다

산이 내민 손 수줍게 잡고
한 걸음 한 걸음 걷다 보면
나뭇잎을 베고 누워있던 바람
부스스 덜 깬 잠을 뒤척인다

산은 품는 것이지 정복하는 게 아니란다
어린 손 잡고 뒷산에 오르던 아버지 말씀
솔바람처럼 다가와 등을 밀어주고
버거운 삶의 무게 친구들 응원으로 덜어내며
다시 호흡을 가다듬어 오르는 길
들꽃에 물든 발걸음이 가볍다

신이 그려놓은 아름다운 산이
슴벅슴벅 가슴을 적신다

상처

생각을 지우려다
발가락을 다쳤다

흔한 매니큐어 한 번 발라주지 않은
못생긴 발
발이 퉁퉁 부어 더 못생겨졌다

온종일 가시가 마음을 찔러댄다
한쪽을 뽑으면
다른 한쪽에서 쿡쿡 찔러대고
아파서 울고 있으면
오래된 상처까지 비집고 올라와
한여름 바랭이풀보다
더 세차게 가슴을 지른다

발가락
저 끄트머리 작은 상처에서 시작된 통증이
온몸을 휘젓고 다니다가
자꾸 덧나는 마음의 상처를 툭툭 건드린다
아프다

상처(2)

흉터에 새겨진 그 날의 기억을
바로 볼 자신이 없어서
힐끔거린다

아픔인지 분노인지
떨쳐내지 못하고
아물 만하면 헤집어 상처를 낸다

상처보다 더 아픈 흉터
외면하면 할수록 더 커지는 흉터
애써 모른 척 하다가
슬금슬금 다가가 마주한다
마주 보면 무뎌지고
무뎌지면 별거 아닌 것을

세상에 무디어지지 않는 것은 없다
그것이 상처든 사랑이든

시를 짓는 농부

농부는
척박한 땅에 거름을 펴고
무성한 잡초를 뽑아내며
이슬을 콕콕 찍어 시를 짓습니다

씨앗을 뿌리면서 한 행
열매보다 많은 땀방울을
호밋자루에 적시면서 또 한 행
한 뼘 자라면 흐뭇해서 한 연
옹골진 열매가 맺히면 신이 나서 두 연

자식을 키우듯
농사를 지으며 시를 짓습니다

해가 길어도 짧고
해가 높아도 낮은
농부의 하루

하얀 달이
홍시 같은 태양을 기웃거리면

노을에 젖은 농부
흥얼흥얼 시를 짓습니다

양파 마늘 망에 담아 걸어놓고
붉은 고추 맑게 씻어 널어놓으며
시를 짓듯 농사를 짓습니다
농사를 짓듯 시를 짓습니다

여름 한낮에

구름 한 조각
한낮의 태양을 스쳐 지나가다가
빠끔히 열린 창문으로
바람을 들인다

걱정거리를 붙들고 있기엔
햇살을 헤집고 들어온 바람이
달다
너무 달아서 놓치고 싶지 않다

두 눈을 감고
온몸으로 느끼는 시원함

행복은
다음에 있는 것이 아니라
지금 이 순간에 있음을
바람이 머물러
속삭인다

스르르

잠이 온다
바람이 불러주는 자장가에
간밤에 놓쳤던 잠을 부여잡는다

여우비 내리는 날

여우비* 내리는
햇살 가득한 오후
능소화에 얼비친 골목길을
하염없이 바라봅니다

찻잔에 담긴 그대 모습
여우비처럼
마음 한 자락을 적시네요

호젓한 오솔길을 걸으며
닿을락 말락
손끝에 스치던 그대 마음

달콤한 추억을
찻잔에 가득 담아
비 오는 거리를 바라봅니다

말갛게 씻긴 햇살이
마파람에 실려
담장 위에 살며시 내려앉았네요

오래전 그날
그날의 설렘처럼 말예요

* 여우비 : 맑은 날에 잠깐 내리는 비

오십을 맞으며

초저녁부터 마늘을 깐다
마누라가 만든 흑마늘을
보약처럼 챙기는 남편을 위해
아린 손가락에 밴드를 붙이고 마늘을 깐다

술독에서 건져낸 남편의 몸뚱이는
코 고는 소리에 깊숙이 파묻혔다
남편이 보던 드라마 채널을 돌려
오래전 드라마 다시 보기를 한다
진종일 불륜 아니면 살인이니
볼만한 드라마 찾기가 쉽지 않다

길게 늘어진 하루의 그림자가
내일이면 껍데기만 남을 하루가
지독한 마늘 냄새에 걸음이 더디다

하루는 길고 일 년은 짧다더니
시나브로 휘리릭 지나간 세월
부모 친구 할 것 없이
이제는 하나둘 떠나가는 모습을

지켜봐야 하는 나이 오십
그들의 빈자리를 바라보며
내 빈 자리를 그려 본다

시간은 보내는 것이 아니라 누리는 거라던가
이제 남은 시간
내일이 아니라
오늘을 위해 써야겠다
더 늦기 전에

아침 창가에서

아침노을이 달콤합니다

간밤에 다녀가신 그대 흔적을
따뜻한 차 한 잔에 담아 조금만 더
게으른 아침을 보내고 있습니다

개망초 흐드러진 들녘을 따라 걸으며
자분자분 묻힌 당신의 향기를
아직 털어내지 못했네요

환한 그대 미소
유월의 장미처럼 피어날 때
내 가슴은 붉게 물들어
밤이 새도록 하늘거렸답니다

스러지는 노을의 치맛자락을 잡고
조금만 더 당신 향기에 머물고 싶어
찻잔에 매화를 띄웠습니다
한 송이 두 송이 향기를 마실 때마다
찻잔에 꽃이 피네요
어젯밤 호젓이 다녀가신 그대 발자취처럼

작은 여유, 큰 행복

젖은 호미를 던져놓고
흙투성이 몸뚱이를 평상에 눕힌다
따가운 햇살을 피해 비집고 들어온 바람이
달다

이 바람이 더 단 건
아침부터 흘린 땀방울 때문일 것이다

식탁도 없이 차려진
컵라면 하나 김밥 한 줄
거기에 시원한 물 한 잔이면
진수성찬이다

이 밥상이 넉넉한 건
잡초처럼 뽑아낸 욕심 때문일 것이다

장미 그늘에서

따가운 햇살을 피해
향기로운 바람 솔솔 부는
장미 그늘에 앉았다

고운 꽃잎에 겹겹이 싸서
가시로 칭칭 감아놓은 향기가
가시를 헤치고 나와
일기장
마른 꽃잎을 적신다

추억은 향기에 취해
일기장을 넘긴다
꽃잎을 떼어내듯
한 장 한 장
넘긴다

슬픔조차 거름이 되어 향기로 남은 이야기
유월, 장미 그늘에 앉아 추억에 젖어든다

저녁나절에

한 줌 햇살이
뭉게구름에 걸터앉아
고된 하루를 갈무리한다

새벽에 깨어 한나절
점심을 먹는 둥 마는 둥 하고 한나절
치열하게 한낮을 보낸 햇살이
노을 너른 품에 안겨 발그레하다

자귀나무꽃 살랑살랑 부채질하면
샛별은 나지막이 자장가를 부르고
별이 하나, 둘 등불을 켜면
햇살은 스르르 잠이 든다

하늘

코로나19가 모질게 할퀴고 간 농부의 마음은
기댈 곳 하나 없이 휘청거리는데
길가에 심어놓은 백합은 진한 향기로 들을 적십니다

늦은 장마가 밀치고 간 옥수수밭이
기우뚱 어깨를 맞대고 있네요

농부는 땀에 젖은 마스크를 벗어놓고
쓰러진 옥수수를 일으켜 세웁니다

넘어져 흙투성이가 된 옥수수를
살 수 있을지 장담할 수 없는 옥수수를
조심조심 일으켜 세웁니다

다친 뿌리로 딛고 일어설 수 있을까
여물지 않은 옥수수가 안쓰러워
조금만 더 버텨달라고
흙을 돋우며 다독입니다

눈물이 말라버린 농부가

후줄근한 모자를 쥐고 하늘을 올려다보네요

거기 누가 있으면 하소연을 들어달라고
조금만 더 버티면 다 지나가는 거냐고
애꿎은 하늘의 멱살을 잡네요

먹구름이 몰려오고 있습니다
이번에는 얼마나 아프게 할퀴고 가려나
농부는 다시 일어나
괭이를 들고 고랑에 물길을 냅니다
고추밭에 단단히 줄을 띄우고
구멍 난 하우스를 땜질합니다

조금만 다치라고
온종일 뛰어다니며 다독이다가
농부는 하늘을 봅니다
그렁그렁한 눈빛으로 하늘을 봅니다

호미질

이슬조차 말라버린 들깨밭
가뭄에 짓눌린 들깨 위로 그늘을 치는 잡초
잡초가 농부의 새벽을 깨운다

땀 냄새 질척한 호밋자루
따가운 햇살 아래서 나동그라지고
흙먼지 가득 담긴 구겨진 신발
고된 선풍기 앞에서 늘어진다

이리 뜨거운디 뭣허러 나간 겨

늦잠을 털며
쭉정이 같은 위로 툭 던져놓고
마실 가는 남편

수고했어
한 마디면 될 것을

덧칠하다 망가뜨린 그림처럼
사족을 붙여 애먼 마음 잡초밭으로 만든다

낮잠을 끌어 호미질을 한다

마음 밭의 잡초는
들깨밭 잡초보다 거실다

황금산 코끼리

누구의 미움으로 여기
낯설고 물선 서해 자그마한 바닷가로 유배 왔을까
푸른 콩 지천으로 깔아놓고도
하염없이 바다만 바라보는 황금산 코끼리

자그락 자그락
시간으로 쪼아 바람으로 사포질한 몽돌
사이사이 외로움은 촉촉이 스며들고
그리움은 파도에 씻겨 뱃고동에 실려 간다

서해를 돌아 남해로 가면 벗이 있을까
구름에 걸린 달은
바다에 비친 제 모습에 위로를 받고
외로움에 지친 코끼리는
염원이 눈물 되어 탑을 쌓는다

기다란 코, 쑥 빠뜨리고
초저녁 달빛에 그리움 짙어가는
황금산 코끼리

풀꽃

풀꽃이 피었다
바쁜 척 지나가던 길을 멈춰
예쁘다고 눈맞춤을 해줬더니
앙증맞은 꽃을 살랑살랑
싱그럽게 웃는다

보살피지 않아도
저 홀로 잘 크는 줄 알았는데
무심히 던져놓은 눈길 한 번에
기다린 듯 마음 내어
꽃향기를 흔든다

어제도 그 자리에 있었을 풀꽃
오늘 처음 만난 듯 반갑게 웃으며
작은 손짓으로
휘청거리는 눈길을 보듬는다
문득, 풀꽃의 이름이 궁금해졌다

가을

가시꽃

가슴에 피어난 가시꽃

한 켜 두 켜
쌓인 그리움에 뿌리를 내리고
한 방울 두 방울
눈물을 먹고 자라는 꽃

미처 아물지 못한 상처, 상처마다
저리게 돋아나는 가시
찔리고 찔려
핏빛으로 물든 슬픈 그리움의 꽃

어둠이 질척일 때면
뾰족하게 날을 세우다가
동쪽 하늘 노을이 지면
그대 위로에 뭉그러져
그대 따스한 눈길에 스러집니다

건망증

책을 읽느라 벗어놓은 안경을
책을 덮고 찾았더니
없다

분주한 마음은 허둥대고
뒤적일수록
기억은 자꾸 헝클어진다

침침한 눈으로 둘레둘레 찾다가
바라본 유리창
거기
나를 바라보고 서 있는
늙수그레한 여인네 머리에
안경이 똬리처럼 얹혀 있다

이런
몹쓸 건망증 같으니라구
오늘도 나를
보기 좋게 골탕 먹였다

다 잊어버려도
자꾸 잊어버려도
그대만 잊어버리지 않았으면
좋겠다

기억 지우기

꽉 찬 휴대폰 메모리를 정리하듯
기억을 채운 시간을 지웁니다

볼 때마다
통증을 건드려도
버리지 못한 시간들

마른 꽃다발처럼
가슴에 꽂아두고
차마 버리지 못한 그리움

꽉 찬 쓰레기통을 비우듯
부질없는 시간을 지웁니다

나답게

영혼에 돋아난 가시가
상처를 숙주 삼아
독을 품고 자란다

폐허가 된 몸뚱어리는
우걱우걱 하루를
씹어 삼키며
눈물로 씻어낸
가시 박힌 심장을
안아준다

잊으라고
잊어야 산다고
덧난 상처에 박힌
뾰족한 가시를 뽑아내며
쓰담쓰담
말없이 안아준다

당신을 위해 적금을 들었습니다

하루 스물네 시간은
빛이 지구에서 태양까지 180번 갈 수 있고
6,646,154번의 찰나로 만들어졌습니다
신이 가장 공평하게 나누어 준 선물이지요

공평한 그 시간이 내게는 턱없이 부족합니다
아침에 눈을 뜨면
해야 할 일이 많은 것도 아닌데
숙제를 남겨놓은 아이처럼 마음이 부산합니다
내일을 건너 모레, 글피, 그글피
가불도 안 되는 내일이 여유를 바닥냅니다

돌아가야 할 시간이 가까워지네요
더 늦기 전에
당신을 위해 적금을 들어야겠습니다

함께 밥 먹고
함께 웃고
함께 걷고
가끔은 투정을 부리다가 사과를 하고

그렇게 추억이라는 이름으로
나의 시간을 당신 가슴에 들여놓으려 합니다

힘들 때마다 조금씩 꺼내 쓰세요
내일 어디쯤에서
꺼내 쓸 때마다 행복했으면 좋겠습니다

나는 오늘
바특한 시간을 쪼개
함께 저녁을 먹으며
당신 가슴에 적금을 부었습니다

독서

계절 따라
시가 되고 소설이 되고 수필이 되어
주제별로 출간되는 책
오늘 읽을 부분은
자연이 지은 가을 편이다

걸음을 뗄 때마다
한 장 한 장 페이지를 넘긴다

양파망을 뒤집어쓴 붉은 수수
배춧잎을 갉아 먹다가 잠든 배부른 달팽이
거미줄에 걸린 고추잠자리
끝물 고추를 따는 농부
줄기에 매달린 못난이 고구마

봄을 지나 여름을 보낸 농부의 이야기가
들녘을 채운 바람과 비의 이야기가 소곤소곤
페이지마다 꽉 찬 이야기를 펼쳐
걸음으로 넘기고 가슴으로 읽는다
푸른 하늘이 더욱 높아진 날

농부의 숨결을 따라 걸으며
진종일 책을 읽는다

나잇값

머리를 쓸어올리다가
이방인처럼 만난
흰 머리카락 대여섯 가닥

삶은 채우는 것이 아니라
지우는 것이라고 하얗게
하얗게 지우고 있다

장단 맞춰 늘어나는 주름살
흰 머리카락 그늘에 어우러져
여물어가는 나잇값을 센다

못다 핀 꽃

이대로 지는 겁니까

처절하게 곪은 상처 눈물로 씻어내고
모진 외로움 곰삭은 그리움으로 달래는데
상처는 아물지 않고
외로움은 잦아들지 않습니다

이대로 지는 겁니까

사랑은 바램 안에 잠들고
기약할 수 없는 행복은 지쳐가는데
희망은 현실 앞에 무릎 꿇고
세월은 바램을 할퀴었습니다

이대로 지는 겁니까

전생에 지은 복이 얼마나 척박하면
전생에 맺은 인연이 얼마나 성글면
이생의 꽃이 피기도 전에 지려하네요

반갑다, 가을

아침이슬에 젖은 호밋자루
땅콩밭에 내려앉은 한낮 햇살에 말려놓고
새참 막걸리에 취한 농부
제멋대로 발장단에 흥이 오른다

반갑다, 가을

농부의 손길 닿는 곳마다
햇살은 익어 열매가 되고
바람은 익어 기쁨이 된다

푸른 들녘에
붉은 노을 스며들면
노을빛 담은 국화 향기
농부의 옷깃을 흠뻑 적시는 가을

소슬바람에 실려
논밭을 가로지른다
어린아이처럼 해맑게 뛰어다닌다

새장 속의 새

새장 속의 새가
탈출을 꿈꿉니다

삼시 세끼
주인이 주는
정성 가득한 밥을 받아먹으며
새장 속의 새는
탈출을 꿈꿉니다

드넓은 하늘을 날아다니는
꿈을 꿉니다

엄마 붕어빵

다리 밑에서 주워왔다고
이젠 네 엄마 찾아가라던 농을
곧이곧대로 마음에 담고
콩쥐처럼 서럽게 울던 계집아이가
흰 머리카락 한 움큼 움켜쥐고
거울 앞에 앉았습니다

염색약을 가져다 놓고
거울 속에 비친 엄마 얼굴에
화들짝 놀라
멍하니 쳐다보다 터져버린 울음보

그래, 난 엄마 딸이야. 그치?

세월이 지날수록
흐릿해지는 엄마 얼굴
지워져 가는 기억을 붙들려고
민얼굴로 거울 앞에 앉습니다
우리 엄마 마중하러 갑니다

오솔길에서

빨갛게 익은 단풍잎이
무엇이 부끄러워 호로록
나무 뒤에 숨었습니다

빠끔히 들여다본 숲속엔
그리움이 한 켜 두 켜
나이테를 더하고
가을비에 젖은 이야기는
나뭇가지에 대롱대롱
이슬처럼 맺혔네요

여인은 우산을 접어 느릿느릿
오솔길을 걷습니다
그녀의 발자국을 따라 걷는 노을 한 줄기
내일이면 다시 만날 줄 알면서도
볼멘 아쉬움으로 낙엽을 밟고 서 있네요
빨간 단풍잎 하나가 뒷짐 진 손끝에서 팔랑거립니다

옷장 정리

시간을 기워 입은 젊은 날이 누더기가 됐다
이제 그만 버려야 하나

아버지 낡은 속옷을
살뜰히 챙겨입던 엄마가 옷을 태우던 날
나 죽으면 태우는 것도 일이라며
그리움의 깍지를 불쏘시개 삼아
아궁이 속으로 옷을 던져 넣었다

호로록 흔적을 지워내는 엄마
매정한 엄마가 야속해서
어린 딸은
날름거리는 불길을
부지깽이로 토닥이며 눈물을 쏟았다

떠나는 이는
남아있는 이를 위해
그림자조차 거두어가야 한다는 것을
그때는 몰랐으니까

추억이 라벨처럼 붙어 있어서
차마 버리지 못한 물건들을 쓸어 담는다
몇 번이나 망설이다가
낙엽을 쓸어 담듯 비닐봉지에 담아
분리수거함에 미련 없이 욱여넣는다

개운하다
엄마도 이 기분이었을까
그래 이 기분이었을 거야

인생

앞에 있는 이 길은 늘 낯설어서
발을 내디딜 때마다 쭈뼛쭈뼛 망설여집니다

아침이 오면 멈출 수 없이 가야 하지만
저 앞에 무엇이 있을지 몰라 두렵습니다
꽃이 반겨줄지
아니면 뱀이 똬리를 틀고 노려보고 있을지
겁이 나서 발가락이 자꾸 굼실거립니다

가다 보면
남의 뒤꽁무니를 쫓아가다가
샛길로 빠져나오기도 하고
때로는 가당찮은 용기를 앞세웠다가
된서리를 맞고 움츠러들기도 하겠지요

우왕좌왕 가는 길이
거칠고 험하지만
그대가 잡아주는 따스한 손길에
잠깐씩 숨고르기를 합니다

징검다리처럼 놓여있는 작은 행복이
아침을 맞는 힘이 됩니다

잘가라, 가을

심장에 모래주머니를 차고 하루를 걸어간다
뒤늦게 미련의 끈을 놓아버리는 단풍잎 하나
흩어지는 시간 속에서 쓸쓸함을 지운다

이마를 짚은 당신의 차가운 손이
감기에 걸린 마음을 따스하게 위로해줄 때
그때 멈춰버린 시계
모래주머니는 멈춘 시간 속에서 무게를 더한다
이제는 내려놔야겠지

햇살에 젖은 가을을 밟으며 오솔길을 걷는다
굽은 등에 갇혀있던 그리움이
한숨처럼 툭 터져 나와 마른 가지를 흔들면
부산했던 여름날을 떠나보낸 빈 둥지가
나무 꼭대기에서 쏟아질 듯 휘청거린다

주머니에 손을 찔러 넣고 걷고 또 걷는다
생각이랄 것도 없이 길이 뻗은 대로 걷다가
들국화 향기 실어 나르던 시냇가에 앉아
마음을 옭아매고 있던 질척한 미련을 풀어

냇물에 띄운다

땅만 바라보던 시선이
앙상한 나무를 비껴 푸른 하늘로 다가간다
하늘은 구름이 있어 다행이다, 외롭지 않을 테니까
앙다문 입가에 들꽃 같은 미소가 번진다

벤치에 앉아
집착으로 가득 찬 모래주머니를 마저 내려놓는 순간
겨울은 봄을 안고 내 앞에 서 있다
떨군 낙엽이 새순을 마중하듯
멈춘 시간은 가벼워진 심장 속에서
다시 태엽을 감기 시작한다

주부 마음

오산 장날
콩나물 한 봉지 호박 한 개 사들고
이리 기웃 저리 기웃
낯익은 오가피 열매가 반가워 쌉싸래한 향을 맡아보고
곁눈질한 무 가격에 놀라 슬그머니 내려놓는다
좋아하는 대봉시 앞에서
주머니 속 지갑을 오물딱 조물딱
이거 하나 주세요
막내가 좋아하는 번데기를 값도 모르고 담는다

마지막 세일입니다
어디선가 들려오는 인심 쓴 목소리
두리번 두리번
소리를 찾아 헤매는데
속옷 가게 앞에
장터 사람들을 죄다 불러 모았다

북적이는 사람들 틈에 끼어
훌쩍 커버린 애들 거 몇 개씩 고르다 보니
낡은 남편 속옷이 눈에 밟혀 몇 개 더하고

인심 썼다며 양말 한 뭉치를 담는다
팔랑팔랑 날아갈 것 같던 장바구니가
과식한 남편 배처럼 터질 듯이 불룩하다

횡재했다고 돌아가는 길
먹지 않아도 배가 불러 콧노래를 부른다

흰 머리카락을 뽑으며

온기로 채워진 청춘은
행복이다

엄마가 차려준 따뜻한 밥상이 있고
함께 울어주는 친구가 있고
실수를 덮어주는 어른들의 배려가 있어
따뜻했던 청춘

모자란 힘을 보태주던 지기들이 있었기에
어지간한 고통은 삶의 거름이 되고
웬만한 아픔은 어른으로 가는 길 사다리가 되었다

아득히 멀어져간 그 시절
돌아갈 수 없기에 더 아름답고
소중한 사람들이 있었기에 더 행복하다

흰 머리카락 한 올
검은 머리 다칠세라 조심스럽게 뽑아내며
청춘을 채웠던 온기를 꺼내 빈방을 데운다
하나, 둘 떠나간 빈자리에
온기가 가을들녘처럼 그득하다

착각

화분이 비뚤어져 있어서 반듯하게 고쳐놓는다
물컵이 더러워져서 얼른 씻어놓고
소파 위치가 마음에 들지 않아 이리저리 끌고 다닌다

마음이 물건인 줄 착각해서

비뚤어졌다고 고쳐놓으려 하고
더러워졌다고 씻어주려 하고
마음에 들지 않는다고
이리저리 끌고 다니려 한다

이제 알았다
네 마음은 물건이 아니라는 것을
내가 너무 큰 착각에 빠져 있었다는 것을

농부의 아침

이불을 개듯
어둠을 접어 침대 위에 올려놓고
겨울 채비를 하러 들로 나갑니다

농기구를 꺼내려고 창고 문 자물쇠에 열쇠를 꽂습니다
비바람에 시달린 자물쇠가 자그락거리네요
상처받은 마음처럼
녹슨 몸뚱어리를 좀체 풀려고 하지 않습니다

한참 실랑이를 하고서야
그제야 철컥 열리는 창고 문
삐걱거리는 문을 열어제치고 농부의 아침을 들여놓습니다

엊그제 내린 비로 푸르름을 더한 돌산갓
소쿠리 가득 담으니 벌써 침이 고이네요
고구마에 돌돌 말아 입안 가득 채우면
겨울 찬바람을 사르르 녹이겠지요

길 따라 심은 봉숭아가 불꽃놀이 하듯 톡톡 터지고
잠자리 날개에 실어 나르던 소슬바람

귀뚜라미 울음소리에 발목 채여 머물다 가는 가을 들녘
이슬을 털어낸 가을 햇살이 녹슨 자물쇠에 내려앉네요
말갛게 씻긴 햇살이 곰살맞게 미소 짓는 아침
농부의 하루는 헤살거리며 걸음을 뗍니다

겨울

겨울, 들녘에서

비루한 나뭇가지를 찬바람이 흔듭니다
추워서 오돌오돌 떨며
꺾이지 않으려 안간힘을 쓰네요

풍성한 들녘을 들썩이게 하던 발자국
이삭 줍던 참새마저 뜸한 들녘에
바람에 찢겨 초췌한 허수아비가
나무에 기대앉아 속삭입니다
외로움에 익숙해져야 기다림이 덜 아픈 거라고
겨울이 모질어야 봄이 더 아름다워지는 거라고

시린 겨울바람이 노을을 더욱 붉게 물들입니다
나뭇가지에 내려앉은 하얀 달이 더욱 처연합니다

12월, 너를 보내며

창문 틈을 비집고 들어온 바람 한 줌
싸늘한 바람결에 12월이 옷깃을 여민다

어떻게 보내야 하나
얼른 가라 등 떠밀 수도 없고
가지 마라 붙잡을 수도 없다

흥청망청 보내기 싫어
술독에 빠져 가는지도 모르게 보내기 싫어
하루하루 나의 시간을 쓰다듬는다

고마웠다고
석양에 비친 내 모습 흉하지 않아서 고맙고
가슴에 담은 온기 식지 않아서 고맙고
늘 그 자리에 있어서 고마웠다고

유난히 고달파서
미안한 마음 더 컸던 올 한 해
허둥지둥 달려오느라
무릎이 깨지고 손등이 터져도

약 한 번 제대로 발라주지 못해 미안했다고
아린 마음 보듬으며 사과를 한다

사람 사는 거 다 거기서 거긴데
욕심으로 숨차고
질투에 베어 아팠을 인생

이제는 따뜻한 아랫목에 누워
지친 몸 쉬어가라
무릎을 내어놓는다
베인 상처 작은 위로로 감싸며
버리고 버려 더는 덧나지 말라고
토닥인다

깨복쟁이 친구

친구를 오랜만에 만났습니다
어릴 적 모습이 그대로여서
낯설지가 않네요

부딪치는 한 잔 술에
세월은 취하고
마음의 거리는
잰걸음으로 다가옵니다

슬프면 슬픈 대로
흥겨우면 흥겨운 대로
어느새
하나 되어
울고 웃고 다독이는 친구

추억은 안줏거리가 되고
멈춰선 시간은 달빛 가득
친구의 마음을 담습니다

사춘기는 늙지도 않아

돼지껍데기 물고 까르르
툭 내뱉은 말 주워서 또 까르르
도돌이표 웃음에 숨 고를 새 없는 친구들

주점 등불은 발그레하게 휘청거리고
술잔 가득 채워진 행복은 정 따라 넘실댑니다

눈 오는 날

동지섣달 기나긴 밤에
기별도 없이 찾아와
가지마다 영롱한 꽃을 피웠습니다

뽀도독 뽀도독
아무도 걷지 않은 오솔길
처음 내는 발자국 소리에
화들짝 놀란 꽃들이 꽃가루를 뿌리네요

어제는 누군가의 쉼터가 되었을 의자 위에
오늘은 눈사람을 앉혀 놓았습니다
혼자면 외로울까 하여 둘을 앉혀 놓고
I ♥ YOU

소중해서
한 발 멀리서 바라만 봐야 하는 두 사람
꼭 쥐면 녹아서 눈물이 될까 봐
차마 마주 잡을 수 없는 두 사람

시간이라는 껍질을 까서

추억이라는 알맹이를 꺼내
벙어리장갑에 넣어둡니다
발길 따라 걷던 그리움
몰래 접어 넣어둡니다

설렁 바람이 불어오네요
이제 잊으라고 설렁설렁 불어오네요

당신의 빈자리

자리를 데펴 놓았습니다
그대 오시면 낯설지 않도록

거리는 연말을 보내는 사람들로 북적이네요

바쁠 것 없는 삶이 어영부영
이런저런 핑계로 모처럼 마련한 자리
반가움을 선물처럼 풀어놓습니다

싸르르 첫 잔에 한 해를 씻고
쌉싸래한 이야기 꿰어 안주 삼으니
배가 부르네요

술잔을 비울 때마다
자꾸 빈자리에 눈길이 가요
그리움에 취할수록
허전함이 커지는 건
보고 싶은 마음 때문이겠죠

다음에는 꼭 채워주세요

빈자리가 쓸쓸하지 않게
그대 향한 내 마음 허전하지 않게

동짓날

팥죽을 쑤어 장독대에 한 사발, 안방에 한 사발
심지어 뒷간에도 한 사발
집안 곳곳 정갈하게 담아놓고
누구 하나 몸 상하지 않고 무탈하게 지냈다며
감사한 마음 두 손 가득 모으시던 어머니

어머니의 나눔은 장독대를 지나 문밖을 나서
배고픈 설움으로 칠흑 같은 어둠을 꾹꾹 찍어내던
이웃의 허기진 마음을 다독였습니다

동네를 한 바퀴 돌아
마을 사랑방에 상을 차린 어머니
짚 더미 쌓아놓고 돌돌돌 새끼를 꼬던 사람들은
따뜻한 팥죽 한 그릇에 심심한 입맛 달래며
객지 나간 자식 자랑에
시집간 딸내미가 보낸 용돈 몇 푼에 흥이 넘쳤습니다

동짓달 기나긴 밤
팥죽 한 그릇으로 정을 나누며
배고파도 배불렀고 추워도 따뜻했던
아름다운 시절이었습니다

동행

그림자조차 잠이 든 처연한 밤길
가없이 맴도는 발길 따라와
내 손 잡아주는 별 하나

잘 살아낸 하루였다고
그렇게 견뎌내는 것이 인생이라고
어깨를 감싸주며 속삭입니다

내일 해도 괜찮다고
지친 걸음 보듬어
등을 내어주는 별 하나 있어

오늘도
고된 하루
미소 지으며 잠이 듭니다

동행(2)

자분자분 달빛을 밟으며
호젓한 시골길을 걸어갑니다

달빛 아래
도드라진 추억 하나
슬며시 다가와
따라 걷네요

주고받은 이야기는
지워진 일기처럼 희미하지만
숨긴 마음 들킬까 봐
앞서 걷던 그 마음은
아직도 얼굴을 붉힙니다

홀로 걷는 이 길에 동행이 있어
참 좋습니다

함께 걷던 추억이 있어
참 좋습니다

벗에게

어깨너머 배운
친정 엄마 술맛을
흉내 내어 빚었더니
새콤한 식초가 됐네 그려
술이 익으면
김치부침개 채반에 담아
부르려 했더니
술 익는 냄새에
속절없는 세월만 취하네
식초가 익거든 부름세
골뱅이 무쳐 소주 한 잔 하세나

두 번째 사춘기

서리꽃 핀 창가에 앉아 거리를 내다봅니다
어둠을 걷어내며 종종걸음을 치는 사람들이 정겹네요
저들은 오늘 또 어떤 세상을 선물로 받았을까요

벗들의 빈자리는 자꾸 늘어나고
외로움은 시도 때도 없이 찾아오는데
마음은 저 혼자서 좋았다가 나빴다가
변덕을 부립니다

지난 길을 뒤 돌아보니
한없이 부끄러워 고개를 들 수가 없네요
몸은 또 왜 그러는지
낡은 수레처럼 뒤뚱뒤뚱 덜컹거립니다

뒤 춤에 감추어놓은 거친 손을
다시 내어놓을 수 있을까요
추위에 떨고 있는 이 마음을
따스하게 데울 수 있을까요

사춘기 소녀처럼

말도 못 하고
누가 먼저 다가와 주길
오늘도
속절없이 기다립니다

시인의 노래

눈발 휘몰아치는 쓸쓸한 이 밤

그리움으로 빚은 한 잔 술에 취해
눈물로 삭힌 안주 한 점 집어 들고
흥얼흥얼
가슴은 시를 짓고
손가락은 장단을 친다

허공에 머문 눈빛
그리움을 따라가다 한 잔
외로움을 내치다가 또 한 잔

술독은 비어가고
시인의 노래는 익어간다

아침을 기다리며

빨래방망이로 심장을 때리면
묵은 때가 쏘옥 빠질까

다듬잇돌 위에 올려놓고 방망이질하면
주름진 가슴 반듯하게 펴질까

어찌 해야
가슴속 찌든 때 켜켜이 벗겨
말간 아침을 만날 수 있을까

상념일랑 접어두고
비누 냄새 상긋한 이불 끌어당기듯
창문 열어 상큼한 바람이나 들여야겠네

기억 때문에 아픈 밤

도마뱀이 꼬리를 잘라내듯
기억을 잘라낼 수 있다면
오랜 상처 덧나지 않을 텐데

잘라내지 못한 기억으로
덧난 상처를 헤집다가
문득 바라본 하늘
보름달이 속절없이 웃는다

별을 죄다 떼어 지상에 뿌려놓고
홀로 칠흑 같은 어둠 속에서 빛나는 달
달이 나를 바라본다
어둠이 있어 더욱 빛이 나는 거라고
언 밤을 녹이며 다가와 속삭인다

찻잔에 달을 담고
잘라내지 못해 아린 기억을 우려낸다
기억이 옅어져 추억이 될 때까지
삼켜도 더는 쓰지 않을 때까지

외로움이 병이 되었다

그리움은 겨울비에 젖어 몸살이 나고
해는 중천을 서성이며 낮잠을 깨운다

꿈이었나보다
따스하게 잡아주던 손길은 간 곳이 없고
시린 고요함만 방안에 가득하다

일어나야 하는데
일어나 뭐라도 해야 하는데
방문 너머엔
배식을 기다리는 아이들처럼
해야 할 일거리가 줄을 섰다

오늘은 눈 한 번 질끈 감을까
오늘 하루쯤은 모른 척해도 되지 않을까

외로움이 병이 되어
그리움을 끌어안고 몸살을 앓는다

오늘 일기

오늘 하루 잘 살았는가

서산에 노을빛 젖어들면
노을 한 조각 뚝 떼어
곱게 싼 하루를 일기장에 담는다

온종일
땀에 절은 남편 베갯잇과 이불을 빨고
누룽지를 끓여 외로운 식탁을 데웠다

눈길을 헤쳐 어렵게 찾아온 햇살은
따스하게 젖은 빨래를 매만지고
문득 찾아온 그리움은 추억을 뒤적이다가
잠이 들었다

오늘만의 향기로 채워진 하루
티 나지 않는 하루였지만
최선을 다해 가꾼 하루였다

이만하면 됐지 뭐

지루하다 생각하면
한없이 지루하고
여유롭다 생각하면
더없이 여유로운 하루
한 끗 차이 마음은 갈대처럼 휘둘려
어디로 기울지 모르겠지만
이만하면 좋은 하루였다

일요일 한낮에

노랫소리에 장단 맞추며
울컥울컥 찾아오는 외로움이
이젠 낯설지 않다

외로움이 찾아오면
애써 보내려 하지 않는다
제멋대로 있다가
친구 전화 한 통에
꽁무니를 뺄 거니까
분주한 일상에
까마득히 잊혀질 테니까

그런데
오늘 찾아온 외로움은
당최 갈 생각을 하지 않는다
너도 나를 닮아가나 보다
날이 갈수록 굼뜬 것을 보면

일기

달빛에 버무린 저녁을 먹고
눅눅한 종이 위에
별빛처럼 하루를 쏟아놓는다

오늘 하루를 아프고 힘들게 했던 흔적들
언젠가는
기억의 언저리조차 차지하지 못 할
한 줌 부스러기인 줄 알면서도
힘주어 빼곡하게 채워나간다

잉크 자국에 번진 눈물이 꽃잎처럼 피어날 때쯤
아픔은 추억이 되고 추억은 그리움이 될 것이다

칠흑 같은 밤이라서 별빛이 더욱 아름답다

잠

이놈 어디 간 거여
오지 말랄 땐 꾸역꾸역 찾아오더니
한바탕 꿈을 싸질러 놓고
꽁무니를 빼더니 그대로 함흥차사네
어둠을 베개 삼아 토닥여 봐도
다시 오지 않는 이 녀석
어딜 가서 붙잡아 오나

통증에 화들짝 놀라
아침이슬 내리기도 전에
그믐달 속에 숨어버린 이놈
어떻게 붙잡아 오나

저벅저벅
아침이 오는 소리에
반쯤 잠긴 정신으로
아침을 준비하는 지친 몸뚱어리
오늘 밤엔 기어이 잡고 말 테다

행복의 잣대

행복을 재는 잣대 하나 갖고 계신가요

저는 가끔 이웃집에서 빌려다 쓴답니다

내 것이 아니라서 그런가
때로는 모자라고
때로는 넘치네요

모자랄 때는 왜 그리 섭섭한지 모르겠어요
넘칠 때 생각은 하나도 나지 않아요
내가 못난 것은 아닐까 하는 자격지심에
가지고 있는 것조차 한없이 작아진답니다

남의 행복 곁눈질하는 거, 이제 그만 할래요
남의 잣대로 울고 웃는 거, 이제 그만 할래요

내가 가진 행복을 볼 줄 아는
눈 밝은 잣대 하나 마련해야겠어요
부족하면 늘이기도 하는
그런 잣대 하나 마련해야겠어요

책장을 넘기다가

보름달이 휘영청 밝습니다
잠을 보채다가
커튼을 열어 달빛을 들여놓습니다

사르락 사르락
책장 넘기는 소리가
적막한 어둠을 베어냅니다

화석이 된 소녀의 꿈은 책 속 깊숙이 묻혀 있고
감춰뒀던 마음속 이야기는
바래지 않은 설렘으로 책갈피에 끼워져 있네요

서늘한 달빛 자분자분 밟으며 걷던 오솔길
특별할 것 없는 이야기를 특별하게 기억하며
스치는 숨결에도 숨이 멎던 그 날, 그 언덕배기

차마 책장을 넘기지 못하고
추억을 우려 목을 축입니다

보름달이 휘영청 밝습니다

그날
동산에서 바라보던 그 달빛 그대로

하염없이 슬픈 날

슬픔을 달래려고 냉장고를 털었다
몇 조각 남은 불족발과 식은 김치전에 배춧국
눅눅해진 김 몇 장에 꼬들꼬들한 콩밥 한 공기
잔반을 가득 채운 양푼 하나가 뱃속으로 빨려 들어간다

아무리 먹어도 채워지지 않는 마음
허기진 마음 꿈으로 채울 수 있을까 하여
생각을 비우고 이불을 끌어당긴다

눈물이 파도가 되어 바위를 때린다
싫다고 거역 한 번 못하고
그 자리에 누워 깎이고 부서져 몽돌이 되어가는 바위
자그락 자그락
파도가 밀려올 때마다
몽돌은 두려워 운다
반질반질 예쁘다고 웃음 짓는 사람들 손아귀에서
파도 소리를 내며 운다

눈을 떠보니 아직 한 걸음도 못 간 해가
구름을 걷어내고 있다

마르지 않은 눈물이 베갯잇을 적신다
벗어날 수 없는 슬픔이 빽빽하게 들어차서
햇살 한 줌 들어오지 않는 가슴에
얼음골 찬바람이 인다

한 뼘 더

혼자라고 생각될 때
내 편이 없다고 여겨질 때
외로움은 깊이를 알 수 없이 파고듭니다

들판 한가운데 홀로 서서
앙상한 가지에 빈 둥지를 품고 있는 나무처럼
외로움은 찬바람에 부대끼며 서럽습니다

다시 잎을 틔우고 꽃을 피울 수 있을까요

언 땅을 헤집는 뿌리의 몸부림이 시립니다
언제까지 견딜 수 있을까요
봄을 만나기 전에 동상에 걸리면 어쩌죠

견디다 보면 견뎌진다지요

나이테를 더해 품이 넓어지면
새들이 돌아와 둥지를 틀고
햇살에 지친 칠월의 바람이 나뭇잎 사이로 들겠죠

나무처럼 먼저 품을 내어놓습니다
외로움을 걷어내고 행복을 들이려
한 뼘 더 품을 내어놓습니다

호두

두려워 망설이다가
어금니로 깨물었더니
입안에 몰아치는 천둥소리

화들짝 내리치는 번개에
질끈 감은 두 눈

놀란 마음 다독이며
혀끝을 휘감아 도는
여린 속살

그대 마음이었네

혼밥

돌처럼 거칠다
씀바귀처럼 쓰다
맹물처럼 밍밍하다

혼자 먹는 진수성찬